ARNOLD:
SEIS OBERTURAS, OP. 8

ARNOLD:
SEIS OBERTURAS, OP. 8

Transcripciones de concierto para piano.
OP. 2

Arturo Sherman Yep

Para realizar pedidos de este libro, contacte con:
Palibrio LLC
1663 Liberty Drive
Suite 200
Bloomington, IN 47403
Gratis desde EE. UU. al 877.407.5847
Gratis desde México al 01.800.288.2243
Gratis desde España al 900.866.949
Desde otro país al +1.812.671.9757
Fax: 01.812.355.1576
ventas@palibrio.com
336120

Índice

INTRODUCCIÓN

Escribir este pequeño texto sobre un compositor de la talla de Samuel Arnold es complicado. Atendiendo al número de obras de este gran músico conocidas e interpretadas en la actualidad, es posible que resulte poco conocido para muchas personas. Tal vez hacer alusión al Teatro de Covent-Garden y a los "Pleasure Gardens" ingleses de los siglos XVIII y XIX, donde escuchar música, junto con otras actividades, formaba parte de la vida recreativa de la sociedad, ya da algunas referencias de Arnold y su obra.

De acuerdo a varios estudios históricos, Arnold además de haber sido compositor, organista, clavecinista, musicólogo y editor de música, fue también un filántropo y empresario que con su propio capital y notable pasión, formó asociaciones para promover el arte y la cultura, invirtiendo fuertes cantidades de dinero, tiempo y esfuerzo, aún cuando los resultados no fueran siempre favorables. De este modo, cerca de 1770, compró los "Marylebone Gardens" y asumió su dirección general y musical.

Las "Seis Oberturas Op. 8" fueron escritas para ser interpretadas en estos Jardines de solaz, donde en ocasiones, algunas de ellas pudieron alternar con espectáculos de lo más diverso, incluyendo juegos pirotécnicos, dentro de un marco cultural donde la música era escuchada (y quizás también ejecutada) sólo por el placer de hacerlo, sin objetivos teóricos o analíticos, lo cuál no afectó el alto nivel y el estilo académico de las obras.

En algunos estudios sobre la obra de Samuel Arnold existen alusiones a una versión de estas oberturas para instrumento de tecla, para ser interpretadas como entretenimiento en casa. Esta edición parece provenir de finales del siglo XVIII y haberse perdido; a saber, ni en la partitura ni en los estudios se menciona si se trata de adaptaciones, transcripciones o simplificaciones, por mencionar algunas posibilidades.

El presente trabajo es una transcripción que utiliza algunos mecanismos técnico-pianísticos de obras para piano solo y concertante, y de reducciones de orquesta de varias épocas, para lograr la sonoridad deseada. Para ser más claro y por citar sólo un ejemplo, aún cuando un bajo de Alberti pudiera constituir un sostén armónico en algunas partes de las oberturas, éste difícilmente conseguiría la sonoridad orquestal necesaria o adecuada para crear el efecto que el compositor definió en sus piezas, por lo que se recurrió a figuras técnicas presentes en obras de compositores posteriores.

En cuanto a la estructura de las oberturas se trata de un caso especial, pues aún con el título que llevan, cada una cuenta con tres movimientos, de manera general "rápido-lento-rápido", lo cuál remite casi de inmediato a la forma sonata, concepto dentro del cuál la sinfonía es una sonata para orquesta. ¿Podría tratarse de un planteamiento contrario al del término italiano "Sinfonía" entendido como obertura, generalmente para óperas y géneros similares?

Determinar esto no es la finalidad de esta introducción ni de las transcripciones. El objetivo principal es presentar a los pianistas una opción de repertorio diferente al establecido por los cánones, con desafíos que lo tornen interesante desde un punto de vista técnico y con la posibilidad de explorar obras musicales para orquesta con una visión de diversión y recreo, permitiendo experimentar tipos de toque y de timbre de acuerdo a la imaginación y gusto del intérprete.

Esta publicación es una invitación para los pianistas de todas las edades a abordar la técnica instrumenal de manera aplicable y aplicada, y no sólo abstracta, como escalas, arpegios y otros quehaceres que de manera aislada, carecen de sentido.

Así presento mi opus 2, como una pequeña contribución al rescate de la basta obra del compositor, músico, editor, musicólogo y empresario londinense, uno de los más prolíficos de la escena musical inglesa en la segunda mitad del siglo XVIII, Samuel Arnold.

Arturo Sherman Yep
México, 2013

Obertura Op. 8 No. 1

Obertura Op. 8 No. 1

ARNOLD, Samuel

I

II

III

Obertura Op. 8 No. 2

Obertura Op. 8 No. 2

I

attacca

II

Largo-Andante ♩ = 58

attacca

III

Obertura Op. 8 No. 3

Obertura Op. 8 No. 3

I

II

III

Obertura Op. 8 No. 4

Obertura Op. 8 No. 4

I

II

(a) Las apoyaturas entre paréntesis fueron escritas para completar el esquema de apoyaturas de este movimiento, de acuerdo al estilo propio de la época

III

Poco meno mosso
Con estilo de Minuetto

Obertura Op. 8 No. 5

Obertura Op. 8 No. 5

I

II

III

Obertura Op. 8 No. 6

Obertura Op. 8 No. 6

I

II

III